अनुक्रमणिका

आपकी मूलभूत समझ को मजबूत कर सकती है।

याद रखें:

"निवेश में सफलता किसी विशेष समय का इंतजार नहीं करती, वह तो सही निर्णय और धैर्य का परिणाम होती है।" तो आइए – ज्ञान के साथ, समझदारी के साथ और पूरे आत्मविश्वास के साथ अपने वित्तीय सफर की शुरुआत करें।

प्राण नाथ

भूमिका

वित्तीय स्वतंत्रता हर व्यक्ति का सपना होता है, लेकिन इस सपने तक पहुँचने का रास्ता हमेशा स्पष्ट नहीं होता। निवेश की दुनिया में पहला कदम रखना नए निवेशकों के लिए अक्सर डर, संदेह और भ्रम से भरा होता है। यही डर और अनिश्चितता कई बार अच्छे अवसरों को भी हाथ से निकल जाने देती है। इन्हीं चुनौतियों को ध्यान में रखते हुए, "नए निवेशकों के लिए म्युचुअल फंड गाइड" को लिखा गया है। यह पुस्तक एक ऐसे पाठक के लिए है, जो निवेश की शुरुआत करना चाहता है, लेकिन जटिल शब्दावली, तकनीकी जानकारियों और बाजार के उतार-चढ़ाव से डरता है।

इस पुस्तक में आपको मिलेगा:

- म्युचुअल फंड्स की सरल, स्पष्ट और व्यावहारिक जानकारी
- छोटे-छोटे कदमों से धन निर्माण की रणनीति
- निवेश में अनुशासन और धैर्य का महत्व
- अपने वित्तीय लक्ष्यों को पहचानने और हासिल करने का तरीका
- आम गलतियों से बचने और स्मार्ट निवेशक बनने के उपाय
- टैक्स प्लानिंग से लेकर सही प्लेटफॉर्म चुनने तक की पूरी गाइड

यह पुस्तक क्यों अलग है?

यहाँ आपको न तो जटिल गणनाएँ मिलेंगी, न ही भारी भरकम वित्तीय शब्दजाल । यह किताब एक मित्र की तरह आपके साथ चलेगी – आसान भाषा में, सरल उदाहरणों के साथ । उद्देश्य सिर्फ ज्ञान देना नहीं है, बल्कि आपके अंदर विश्वास पैदा करना है कि "मैं भी निवेश कर सकता हूँ।"

मेरा संदेश

यदि आप निवेश के सफर की शुरुआत कर रहे हैं, तो यह पुस्तक आपकी पहली साथी हो सकती है। अगर आप पुराने निवेशक हैं, तो भी यह गाइड

अध्याय 1: निवेश की मूल बातें

1. निवेश (Investment) क्या है?

निवेश का मतलब है – अपने पैसे को किसी ऐसे साधन में लगाना, जो समय के साथ उसकी मूल्य वृद्धि कर सके और अतिरिक्त आमदनी दे सके। यह पैसा केवल पड़ा नहीं रहता, बल्कि आपके लिए काम करता है और आपको लाभ कमाकर देता है।

उदाहरण:

• शेयर बाजार में निवेश करके कंपनी के विकास का लाभ उठाना।

• म्युचुअल फंड में निवेश कर के विशेषज्ञों द्वारा संचालित पोर्टफोलियो से रिटर्न कमाना।

• बैंक FD में पैसे जमा कर के निश्चित ब्याज पाना।

सरल परिभाषा: "आज पैसे का बीजारोपण करो, ताकि भविष्य में पैसों का वृक्ष तैयार हो सके!"

2. बचत (Saving) बनाम निवेश (Investment)

विशेषता	बचत (Saving)	निवेश (Investment)
उद्देश्य	पैसे को सुरक्षित रखना	पैसे को बढ़ाना
जोखिम	बहुत कम या नगण्य	थोड़ा या अधिक जोखिम
रिटर्न	कम (बैंक ब्याज)	अधिक (मार्केट आधारित)
तरलता	अत्यधिक (जैसे सेविंग अकाउंट)	कम या मध्यम (जैसे इक्विटी फंड)
अवधि	अल्पकालिक	दीर्घकालिक

याद रखें: "जो सिर्फ बचत करता है, वह महंगाई से हारता है। जो निवेश करता है, वह संपत्ति बनाता है।"

3. निवेश क्यों जरूरी है?

(i) महंगाई से लड़ने के लिए
• महंगाई हर साल पैसों की खरीदने की ताकत कम कर देती है।
• अगर आपकी बचत का रिटर्न महंगाई से कम है, तो असल में आप हर साल गरीब हो रहे हैं।
उदाहरण: आज ₹1000 में जो सामान आता है, 10 साल बाद ₹1500 से ₹2000 लग सकते हैं। अगर आपका पैसा उतना नहीं बढ़ा, तो नुकसान है।

(ii) भविष्य की योजनाओं के लिए
• बच्चों की पढ़ाई, शादी, घर खरीदना, रिटायरमेंट जीवन।
इन सभी सपनों को पूरा करने के लिए बड़ी धनराशि चाहिए – और समय पर सही निवेश करना ही उपाय है।

(iii) आर्थिक स्वतंत्रता के लिए
• निवेश आपको भविष्य में आर्थिक आजादी देता है।
• सही निवेश से आप जल्दी सेवानिवृत्ति का सपना भी पूरा कर सकते हैं।

4. निवेश के मुख्य सिद्धांत (Golden Principles of Investing)

(i) जल्दी शुरू करें (Start Early)
• समय निवेश में सबसे बड़ा मित्र है।
• जितनी जल्दी निवेश करेंगे, उतना ज्यादा कंपाउंडिंग का जादू चलेगा।
उदाहरण: ₹5,000 प्रति माह 25 साल तक 12% रिटर्न से लगभग ₹1.5 करोड़ बन सकते हैं। 5 साल देर करने पर यह केवल ₹80 लाख बनेंगे।

(ii) नियमित निवेश करें (Invest Regularly)

• बाजार ऊपर-नीचे होते रहेंगे, लेकिन निवेश निरंतर करते रहना चाहिए।
• SIP इसके लिए शानदार तरीका है।

(iii) दीर्घकालिक दृष्टि रखें (Think Long Term)

• धैर्य रखें। निवेश में चमत्कार समय के साथ होता है, न कि रातोंरात।

(iv) लक्ष्य निर्धारित करें (Set Clear Goals)

• निवेश करने से पहले लक्ष्य तय करें: 5 साल में कार, 10 साल में घर, 20 साल में रिटायरमेंट फंड।
• लक्ष्य आधारित निवेश आपको अनुशासित बनाता है।

(v) विविधीकरण करें (Diversify Wisely)

• सभी पैसे एक ही साधन में न लगाएं। इक्विटी, डेब्ट, गोल्ड में विविधता करें।
कहावत: "Don't put all your eggs in one basket!"

5. एक प्रेरणादायक कहानी – "रवि और अमित"

रवि ने 25 साल की उम्र में ₹2,000 प्रति माह निवेश शुरू किया, जबकि अमित ने 35 साल की उम्र में ₹4,000 प्रति माह। रिटायरमेंट पर रवि के पास अधिक पैसा था क्योंकि उसने जल्दी शुरुआत की थी।

"जल्दी शुरू करना" सबसे बड़ा अंतर बनाता है!

अध्याय 2: म्युचुअल फंड क्या है?

प्रस्तावना:

आज के समय में निवेशकों के लिए म्युचुअल फंड एक लोकप्रिय विकल्प बन चुका है। यह उन लोगों के लिए विशेष रूप से अच्छा है जो सीधे शेयर बाजार या अन्य परिसंपत्ति वर्गों में निवेश करने में संकोच करते हैं या जिनके पास समय, ज्ञान या अनुभव की कमी है। तो आइए, इस अध्याय में सरल भाषा में समझते हैं – म्युचुअल फंड आखिर होता क्या है!

1. म्युचुअल फंड क्या है?

म्युचुअल फंड एक ऐसा निवेश साधन है जहाँ कई निवेशकों से पैसा इकट्ठा किया जाता है और एक पेशेवर फंड मैनेजर द्वारा विभिन्न शेयरों, बॉन्ड्स, सरकारी प्रतिभूतियों आदि में निवेश किया जाता है।

उदाहरण:

सोचिए कि आप और आपके कुछ दोस्त मिलकर ₹1000-₹1000 जमा करते हैं। फिर आप सब मिलकर एक विशेषज्ञ को कहते हैं – "आप हमारे पैसे से अच्छे-अच्छे शेयर खरीदिए।"

फिर जो भी लाभ या हानि होती है, वह सबके बीच बाँट दी जाती है। यही है म्युचुअल फंड!

2. म्युचुअल फंड कैसे काम करता है?

- निवेशक अपना पैसा म्युचुअल फंड कंपनी (AMC - Asset Management Company) को देते हैं।
- AMC फंड मैनेजर नियुक्त करती है।
- फंड मैनेजर निवेश की रणनीति बनाकर अलग-अलग निवेश साधनों (शेयर, बॉन्ड, गोल्ड आदि) में पैसे लगाता है।
- निवेश से प्राप्त लाभ/हानि निवेशकों में उनके हिस्से के अनुसार बाँट दी जाती है।

फोकस:

- एकसमान प्रबंधन
- विविधीकरण (Diversification)
- पेशेवर प्रबंधन (Professional Management)

3. म्युचुअल फंड के प्रकार

प्रकार	विवरण
इक्विटी फंड	स्टॉक/शेयर बाजार में निवेश करने वाले फंड
डेब्ट फंड	सरकारी बॉन्ड और निश्चित आय साधनों में निवेश करने वाले फंड
हाइब्रिड फंड	शेयर + बॉन्ड दोनों में मिलाकर निवेश करने वाले फंड
इंडेक्स फंड	निफ्टी 50 या सेंसेक्स जैसे इंडेक्स को फॉलो करने वाले फंड
ETF (Exchange Traded Fund)	शेयर बाजार में खरीदे-बेचे जा सकने वाले फंड

4. म्युचुअल फंड क्यों चुनें?

पेशेवर प्रबंधन

- विशेषज्ञ फंड मैनेजर आपके पैसों का संचालन करते हैं।

विविधीकरण

- आपका पैसा एक ही जगह न लगकर कई अलग-अलग परिसंपत्तियों में फैला होता है।

सुलभता और तरलता

- कई फंड्स में कभी भी निवेश या निकासी की सुविधा होती है।

छोटे निवेश से शुरुआत

- SIP (Systematic Investment Plan) के माध्यम से ₹500 से भी निवेश शुरू कर सकते हैं।

पारदर्शिता

- हर महीने फंड की पूरी जानकारी निवेशकों को दी जाती है।

5. म्युचुअल फंड में निवेश के जोखिम

- बाजार जोखिम (Market Risk)
- ब्याज दर का जोखिम (Interest Rate Risk)
- क्रेडिट रिस्क (Debt Funds में)
- फंड मैनेजर के फैसलों का जोखिम

ध्यान दें:

"निवेश बाजार जोखिमों के अधीन है। स्कीम से जुड़े सभी दस्तावेज़ों को ध्यानपूर्वक पढ़ें।"

यह चेतावनी मज़ाक नहीं है – निवेश से पहले अच्छे से जानकारी लें।

6. म्युचुअल फंड कैसे खरीदें?

स्टेप बाय स्टेप प्रक्रिया:

1. अपना KYC (Know Your Customer) करवाइए।
2. म्युचुअल फंड प्लेटफॉर्म चुनिए (AMC वेबसाइट, Zerodha Coin, Groww, Paytm Money आदि)।
3. फंड चुनिए (अपने लक्ष्य, अवधि और जोखिम के अनुसार)।
4. SIP या लंपसम निवेश शुरू करें।
5. समय-समय पर रिव्यू करते रहें।

अध्याय 3: म्युचुअल फंड योजना का सही चुनाव कैसे करें?

प्रस्तावना:

सही म्युचुअल फंड का चुनाव करना निवेश यात्रा का सबसे महत्वपूर्ण और निर्णायक कदम है। गलत फंड चयन न केवल रिटर्न को प्रभावित कर सकता है, बल्कि निवेशक को मानसिक तनाव भी दे सकता है। इस अध्याय में हम सीखेंगे:

• कौन-से कारक फंड चुनते समय देखने चाहिए,

• किस प्रकार के निवेशक के लिए कौन-सी योजना उपयुक्त होती है,

• और कैसे हम अपनी निवेश यात्रा को लक्ष्य आधारित (Goal Based) और सफल बना सकते हैं।

1. सही म्युचुअल फंड चुनाव की आवश्यकता क्यों?

• हर निवेशक की आर्थिक स्थिति, जोखिम क्षमता, और लक्ष्य अलग-अलग होते हैं।

• बाजार में सैकड़ों फंड उपलब्ध हैं – लेकिन हर फंड हर व्यक्ति के लिए उपयुक्त नहीं होता।

• सही योजना से ही आप अपने वित्तीय लक्ष्य समय पर और सुरक्षित तरीके से पूरा कर सकते हैं।

• गलत योजना समय, पैसा और मानसिक शांति – तीनों को नुकसान पहुंचा सकती है।

सीधा सूत्र:

"हर निवेशक का अपना फंड है, जैसा उद्देश्य, वैसा फंड।"

2. फंड चुनने से पहले पूछने योग्य प्रश्न

प्रश्न	उद्देश्य
मेरा निवेश लक्ष्य क्या है?	(जैसे: रिटायरमेंट, बच्चों की पढ़ाई, घर खरीदना)
मेरी निवेश अवधि कितनी है?	(कम, मध्यम, लंबी अवधि)
मैं कितना जोखिम उठा सकता हूँ?	(कम, मध्यम, उच्च)
मुझे कितनी तरलता चाहिए?	(आसान निकासी चाहिए या नहीं?)
क्या मैं टैक्स बचत चाहता हूँ?	(अगर हाँ, तो ELSS सही विकल्प हो सकता है)

3. लक्ष्य आधारित फंड चयन (Goal Based Fund Selection)

निवेश लक्ष्य	निवेश अवधि	अनुशंसित फंड प्रकार
1-3 वर्ष	अल्पकालिक	डेब्ट फंड, मनी मार्केट फंड
3-5 वर्ष	मध्यम अवधि	बैलेंस्ड एडवांटेज फंड, हाइब्रिड फंड
5+ वर्ष	दीर्घकालिक	इक्विटी फंड, इंडेक्स फंड
टैक्स बचत	3 वर्ष लॉक-इन	ELSS फंड्स

4. जोखिम प्रोफ़ाइल के आधार पर योजना का चयन

जोखिम क्षमता	उपयुक्त फंड
कम जोखिम	डेब्ट फंड, लिक्विड फंड
मध्यम जोखिम	बैलेंस्ड / हाइब्रिड फंड
उच्च जोखिम	इक्विटी फंड, स्मॉल कैप फंड

टिप:

जिन्हें जोखिम का डर है, उन्हें इक्विटी में सीधे प्रवेश नहीं करना चाहिए। पहले हाइब्रिड फंड से शुरुआत करें, फिर धीरे-धीरे इक्विटी फंड्स की ओर बढ़ें।

5. फंड का मूल्यांकन कैसे करें? (Mutual Fund Analysis Checklist)

(A) प्रदर्शन (Performance):
• पिछले 1 साल, 3 साल, 5 साल का रिटर्न देखें।
• यह देखें कि फंड ने अपने बेंचमार्क (Nifty 50, Sensex आदि) को लगातार हराया है या नहीं।

(B) फंड मैनेजर का ट्रैक रिकॉर्ड:
• फंड मैनेजर कितने वर्षों से फंड संभाल रहा है?
• उनका अतीत का प्रदर्शन कैसा रहा है?

(C) एक्सपेंस रेशियो (Expense Ratio):
• जितना कम, उतना अच्छा।
• कम एक्सपेंस रेशियो का मतलब है ज्यादा रिटर्न आपके पास।

(D) जोखिम मानदंड (Risk Measures):
• Beta: बाजार के मुकाबले फंड का जोखिम
• Standard Deviation: रिटर्न में उतार-चढ़ाव की मात्रा
• Sharpe Ratio: जोखिम के मुकाबले रिटर्न का माप

(E) पोर्टफोलियो गुणवत्ता:
• फंड किस सेक्टर और किस ग्रेड के स्टॉक्स या बॉन्ड्स में निवेश कर रहा है?

(F) AUM (Asset Under Management):

• फंड बहुत छोटा हो तो जोखिम बढ़ सकता है।

• बहुत बड़ा हो तो रिटर्न थोड़े कम हो सकते हैं।

• संतुलन देखना जरूरी है।

6. फंड कैटेगरी के प्रमुख उदाहरण (India Specific)

फंड प्रकार	प्रमुख उदाहरण
लार्ज कैप फंड	SBI Bluechip Fund, Mirae Asset Large Cap Fund
मिड कैप फंड	Axis Midcap Fund, Kotak Emerging Equity Fund
स्मॉल कैप फंड	Nippon India Small Cap Fund, Quant Small Cap Fund
इंडेक्स फंड	UTI Nifty 50 Index Fund, HDFC Index Fund
डेब्ट फंड	HDFC Corporate Bond Fund, ICICI Pru Savings Fund
बैलेंस्ड एडवांटेज फंड	ICICI Pru Balanced Advantage Fund, Edelweiss Balanced Advantage Fund
ELSS टैक्स सेवर फंड	Axis Long Term Equity Fund, Mirae Asset Tax Saver Fund

7. कौन-कौन सी आम गलतियाँ टालनी चाहिए?

• पिछले रिटर्न को देखकर फंड चुनना

• हर साल फंड बदलना

• कम NAV देखकर फंड चुनना (NAV कम या ज्यादा मायने नहीं रखती)

- दूसरों को देखकर फंड लेना (हर निवेशक की स्थिति अलग होती है)
- अपने रिस्क प्रोफ़ाइल को न समझना

8. सही फंड चुनने के लिए अंतिम सुझाव

- अपने लक्ष्य और समय सीमा के अनुसार फंड चुनें।
- सिर्फ रिटर्न नहीं, जोखिम को भी देखें।
- फंड मैनेजर और AMC की विश्वसनीयता जांचें।
- नियमित रिव्यू करें लेकिन बिना घबराए निर्णय लें।
- लंबी अवधि के निवेश का दृष्टिकोण रखें।

अध्याय 4: SIP क्या है और यह धन निर्माण में कैसे मदद करता है

प्रस्तावना:

"छोटे-छोटे कदम ही लंबे सफर तय करते हैं।"

SIP (Systematic Investment Plan) इसी दर्शन पर आधारित है। जहाँ एकमुश्त बड़ी राशि निवेश करना मुश्किल हो सकता है, वहीं छोटी-छोटी नियमित बचतें निवेश को आसान और व्यवस्थित बनाती हैं।

इस अध्याय में हम सीखेंगे:

• SIP का अर्थ क्या है,

• यह कैसे काम करता है,

• इसके फायदे क्या हैं,

• और कैसे SIP से आप बड़े वित्तीय लक्ष्य हासिल कर सकते हैं।

1. SIP क्या है?

SIP (Systematic Investment Plan) एक ऐसा तरीका है जिसमें आप हर महीने (या सप्ताह) एक निश्चित राशि को म्युचुअल फंड स्कीम में निवेश करते हैं।

सरल शब्दों में:

"हर महीने थोड़ी-थोड़ी राशि निवेश करना, ताकि समय के साथ एक बड़ा कोष तैयार हो सके।"

2. SIP कैसे काम करता है?

स्टेप बाय स्टेप प्रक्रिया:

1. आप एक म्युचुअल फंड स्कीम चुनते हैं।

2. हर महीने/सप्ताह आपके बैंक खाते से तय राशि ऑटोमेटिक डेबिट

होती है।

3. उस राशि से फंड के NAV के अनुसार यूनिट्स अलॉट होती हैं।

4. हर किस्त पर NAV अलग हो सकता है – जिससे आपकी यूनिट्स की औसत लागत निकलती है।

5. समय के साथ, आपका निवेश बढ़ता है और कंपाउंडिंग का जादू काम करता है।

3. SIP के प्रकार

प्रकार	विवरण
नियमित SIP (Regular SIP)	हर महीने फिक्स राशि का निवेश
फ्लेक्सी SIP (Flexible SIP)	महीने के अनुसार निवेश राशि बदलने की सुविधा
स्टेप-अप SIP (Step-up SIP)	हर साल SIP राशि को बढ़ाने का विकल्प
टारगेट SIP (Target SIP)	लक्ष्य आधारित SIP, जैसे रिटायरमेंट या बच्चों की पढ़ाई के लिए
परफॉर्मेंस लिंक्ड SIP	फंड के प्रदर्शन के आधार पर निवेश राशि का निर्धारण

4. SIP क्यों करना चाहिए?

• ₹500 या ₹1000 प्रति माह से भी निवेश संभव।

• नियमित निवेश की आदत बनती है।

• बाजार गिरने पर अधिक यूनिट्स मिलती हैं, बाजार चढ़ने पर कम – इससे औसत लागत कम होती है।

• समय के साथ छोटे निवेश भी बहुत बड़े हो जाते हैं।

• बाजार की अस्थिरता का प्रभाव कम होता है।

• बाजार के उतार-चढ़ाव को लेकर डर कम होता है।

5. कंपाउंडिंग का प्रभाव: एक उदाहरण

मान लीजिए:

* आप हर महीने ₹5,000 का SIP करते हैं।
* औसत रिटर्न 12% सालाना है।
* अवधि 20 वर्ष है।

फाइनल राशि = लगभग ₹50 लाख से अधिक!

याद रखें:

"SIP में समय और नियमितता सबसे बड़े मित्र हैं।"

6. SIP में निवेश करते समय ध्यान देने योग्य बातें

* लंबी अवधि का दृष्टिकोण रखें (कम से कम 5-7 साल)।
* बाजार गिरने पर SIP बंद न करें।
* समय के साथ SIP राशि बढ़ाएं (Step-up SIP)।
* अपने लक्ष्य और जोखिम प्रोफ़ाइल के अनुसार फंड चुनें।
* फंड का समय-समय पर समीक्षा करें लेकिन जल्दी-जल्दी बदलें नहीं।

7. SIP से जुड़े मिथक और सच्चाई

मिथक	सच्चाई
SIP में नुकसान नहीं होता	बाजार जोखिम मौजूद रहता है
SIP गारंटीड रिटर्न देती है	नहीं, रिटर्न बाजार पर निर्भर करता है
कम NAV वाला फंड खरीदना चाहिए	NAV का स्तर मायने नहीं रखता, फंड का प्रदर्शन मायने रखता है

8. SIP और लंपसम का तुलनात्मक विश्लेषण

पहलू	SIP	लंपसम

निवेश का तरीका	मासिक निवेश	एकमुश्त निवेश
लागत औसत लाभ	हाँ	नहीं
भावनात्मक अनुशासन	उच्च	कठिन
बाजार समय निर्धारण	नहीं करना पड़ता	करना पड़ता है
किसके लिए उपयुक्त	नियमित आमदनी वाले	बड़ी राशि एकत्र करने वाले

9. एक छोटी कहानी: 'अर्जुन और भीम'

- अर्जुन ने 25 साल की उम्र में ₹3,000/माह की SIP शुरू की।
- भीम ने 35 साल की उम्र में ₹6,000/माह की SIP शुरू की।

नतीजा:

- अर्जुन के पास रिटायरमेंट तक भीम से ज्यादा पैसा था – सिर्फ इसलिए क्योंकि उसने जल्दी शुरुआत की थी।

सबक: "समय से पहले निवेश शुरू करना, राशि से अधिक महत्वपूर्ण है।"

अध्याय 5: म्युचुअल फंड्स में जोखिम को कैसे समझें और कम करें

प्रस्तावना:

"जोखिम" सुनते ही ज़्यादातर नए निवेशकों के मन में डर बैठ जाता है। लेकिन सच यह है कि जोखिम का सही ज्ञान और सही रणनीति से आप इसे नियंत्रित कर सकते हैं। म्युचुअल फंड्स में जोखिम को समझना और उसे मैनेज करना, स्मार्ट निवेशक बनने का एक महत्वपूर्ण हिस्सा है। इस अध्याय में हम विस्तार से सीखेंगे:

- म्युचुअल फंड्स में किस-किस प्रकार के जोखिम होते हैं,
- उन्हें पहचानने के तरीके,
- और कैसे रणनीतिक निवेश से जोखिम को कम किया जा सकता है।

1. जोखिम क्या है?

सरल परिभाषा:

जोखिम का अर्थ है – वास्तविक रिटर्न का आपके अपेक्षित रिटर्न से अलग होना।

यदि आप उम्मीद करते हैं कि निवेश से 12% रिटर्न मिलेगा, लेकिन वास्तविक रिटर्न 8% या -5% आता है – तो यह "जोखिम" है।

ध्यान दें:

- जोखिम का मतलब हमेशा नुकसान नहीं होता।
- जोखिम का मतलब अनिश्चितता है – अच्छा या बुरा दोनों हो सकता है।

2. म्युचुअल फंड्स में मुख्य प्रकार के जोखिम

जोखिम का प्रकार	विवरण

बाजार जोखिम (Market Risk)	शेयर बाजार में गिरावट से फंड के NAV पर असर
क्रेडिट जोखिम (Credit Risk)	डेब्ट फंड में उधार लेने वाले की चुकौती क्षमता पर खतरा
ब्याज दर जोखिम (Interest Rate Risk)	ब्याज दरों के बदलने से डेब्ट फंड्स पर प्रभाव
तरलता जोखिम (Liquidity Risk)	बाजार में यूनिट्स बेचने में कठिनाई
इन्फ्लेशन जोखिम (Inflation Risk)	महंगाई दर से कम रिटर्न मिलने का खतरा
फंड मैनेजर का जोखिम (Fund Manager Risk)	गलत निवेश निर्णयों से फंड के प्रदर्शन पर प्रभाव

3. जोखिम को मापने के तरीके

(A) Beta:

- फंड का बाजार की तुलना में कितना जोखिम है।
- Beta = 1 → बाजार के बराबर जोखिम
- Beta > 1 → बाजार से अधिक अस्थिर
- Beta < 1 → बाजार से कम अस्थिर

(B) Standard Deviation:

- रिटर्न में उतार-चढ़ाव को मापता है।
- ज्यादा स्टैन्डर्ड डिविएशन = ज्यादा अस्थिरता।

(C) Sharpe Ratio:

- जोखिम के प्रति यूनिट रिटर्न को मापता है।
- जितना ज्यादा Sharpe Ratio, उतना बेहतर फंड।

(D) Sortino Ratio:

• केवल नकारात्मक उतार-चढ़ाव को मापता है (बेहतर जोखिम विश्लेषण के लिए)।

4. जोखिम को कम करने की रणनीतियाँ

1. विविधीकरण (Diversification)
• निवेश को विभिन्न एसेट क्लास और सेक्टरों में फैलाना।
• उदाहरण: Equity + Debt + International Exposure

2. लक्ष्य आधारित योजना बनाना (Goal Based Planning)
• अपने वित्तीय लक्ष्य (Retirement, Education, Travel) के अनुसार निवेश करना।

3. सही फंड श्रेणी का चुनाव
• कम जोखिम के लिए Debt Funds
• मध्यम जोखिम के लिए Hybrid Funds
• उच्च जोखिम के लिए Equity Funds

4. SIP का उपयोग
• बाजार की अस्थिरता को औसत करने के लिए नियमित निवेश।

5. लंबी अवधि का दृष्टिकोण (Long-Term View)
• लंबी अवधि में बाजार के उतार-चढ़ाव का प्रभाव कम हो जाता है।

6. समय पर पोर्टफोलियो रिव्यू
• हर 6 महीने या साल में अपने फंड्स का प्रदर्शन जाँचें।
• जरूरत के अनुसार रीबैलेंसिंग करें।

5. निवेशक का व्यवहार और जोखिम

- डर (Fear): बाजार गिरने पर जल्दी निकासी कर लेना।
- लालच (Greed): बहुत ऊँचे रिटर्न के चक्कर में अत्यधिक जोखिम लेना।
- अज्ञानता (Ignorance): बिना समझे निवेश करना।

सफल निवेशक वही है जो इन भावनाओं को नियंत्रित कर सके और अपने दीर्घकालिक लक्ष्य पर केन्द्रित रहे।

6. म्युचुअल फंड्स में जोखिम को लेकर आम गलतफहमियाँ

मिथक	सच्चाई
म्युचुअल फंड सुरक्षित होते हैं	नहीं, वे बाजार जोखिम के अधीन होते हैं
डेब्ट फंड्स में कोई जोखिम नहीं	डेब्ट फंड्स में भी क्रेडिट और ब्याज दर जोखिम होता है
लंबी अवधि में कोई नुकसान नहीं होता	लंबी अवधि में नुकसान की संभावना कम होती है, लेकिन गारंटी नहीं होती

7. जोखिम और रिटर्न का संबंध

जोखिम स्तर	संभावित रिटर्न
उच्च जोखिम	उच्च संभावित रिटर्न (और उच्च संभावित नुकसान)
मध्यम जोखिम	स्थिर और संतुलित रिटर्न
कम जोखिम	अपेक्षाकृत कम लेकिन स्थिर रिटर्न

याद रखें:

"Risk और Return आपस में गहरे जुड़े हुए हैं। ज्यादा Return चाहिए तो Risk उठाना पड़ेगा। लेकिन Smart तरीके से।"

अध्याय 6: म्युचुअल फंड निवेश की सफल रणनीतियाँ और टिप्स

प्रस्तावना:

मात्र म्युचुअल फंड में निवेश करना ही पर्याप्त नहीं है। सही रणनीति, अनुशासन, और लंबी अवधि का दृष्टिकोण ही निवेश को वास्तव में सफल बनाता है। यह अध्याय आपको सिखाएगा कि कैसे आप अपने म्युचुअल फंड निवेश से सर्वश्रेष्ठ परिणाम प्राप्त कर सकते हैं – वह भी कम जोखिम और बेहतर शांति के साथ।

1. निवेश में रणनीति का महत्व

• निवेश में भावना नहीं, योजना काम करती है।

• याद रखें – निवेश एक मैराथन है, स्प्रिंट नहीं।

• बाजार के उतार-चढ़ाव के बावजूद सही रणनीति आपको डटे रहने में मदद करती है।

• सही रणनीति से आप जोखिम को काबू कर सकते हैं और रिटर्न को बढ़ा सकते हैं।

2. म्युचुअल फंड निवेश की मुख्य रणनीतियाँ

(A) लक्ष्य आधारित निवेश (Goal Based Investing)

• हर निवेश को किसी लक्ष्य से जोड़ें:

उदाहरण:

- 5 साल में घर की डाउन पेमेंट

- 10 साल में बच्चों की पढ़ाई

- 20 साल में रिटायरमेंट

(B) SIP द्वारा नियमित निवेश

• छोटी-छोटी राशि से निवेश की आदत डालें।

- बाजार के उतार-चढ़ाव को औसत करने का सबसे कारगर तरीका है SIP।
- Step-up SIP का प्रयोग करें – हर साल अपनी SIP राशि बढ़ाएँ।

(C) Asset Allocation बनाए रखें

- केवल इक्विटी या केवल डेब्ट पर निर्भर न रहें।
- निवेश को सही अनुपात में बाँटें:
    - युवा निवेशक: 70% इक्विटी, 30% डेब्ट
    - वरिष्ठ निवेशक: 40% इक्विटी, 60% डेब्ट

(D) विविधीकरण (Diversification)

- सभी पैसे एक ही फंड या सेक्टर में न लगाएँ।
- विभिन्न एसेट क्लास (Equity, Debt, Gold) में फैला हुआ पोर्टफोलियो बनाएं।

(E) निवेश अवधि का सम्मान करें (Respect Investment Horizon)

- इक्विटी फंड में कम से कम 5-7 साल का नजरिया रखें।
- डेब्ट फंड छोटे लक्ष्यों के लिए उपयुक्त हैं।
- मनी मार्केट फंड अल्पकालिक जरूरतों के लिए बढ़िया हैं।

(F) भावनाओं पर नियंत्रण रखें

- बाजार गिरने पर घबराइए मत।
- बाजार चढ़ने पर लालच मत कीजिए।
- बाजार स्वभाव से चंचल है, लेकिन दीर्घकालिक निवेशकों के लिए यह अवसर देता है।

3. म्युचुअल फंड निवेश के बेस्ट टिप्स

टिप्स	विस्तार

जल्द शुरुआत करें	जितना जल्दी शुरू करेंगे, कंपाउंडिंग उतनी ज्यादा काम करेगी
नियमित निवेश करें	बाजार की स्थिति देखकर निवेश रोकें नहीं
SIP को Step-up करें	हर साल अपनी SIP राशि बढ़ाएँ
टारगेट सेट करें	निवेश का उद्देश्य हमेशा स्पष्ट रखें
खुद की रिसर्च करें	केवल सलाह पर नहीं, खुद भी अध्ययन करें
लॉन्ग टर्म सोच रखें	छोटी अवधि के उतार-चढ़ाव को नज़रअंदाज़ करें
समय पर रिव्यू करें	हर 6-12 महीनों में पोर्टफोलियो की समीक्षा करें
जरूरत से ज्यादा फंड न खरीदें	4-6 अच्छे फंड पर्याप्त हैं
टैक्स प्लानिंग करें	ELSS जैसे फंड का उपयोग कर टैक्स बचा सकते हैं

4. निवेशक व्यवहार और सफलता

गलत व्यवहार	सुधार
डरकर जल्दी निवेश निकाल लेना	धैर्य रखें
लालच में अत्यधिक जोखिम लेना	अपनी क्षमता के अनुसार निवेश करें
दूसरों को देखकर निर्णय लेना	अपने लक्ष्य और जोखिम प्रोफ़ाइल के अनुसार निर्णय लें

5. कंपाउंडिंग का जादू समझें

• कंपाउंडिंग = "ब्याज पर ब्याज" या "Return on Return"

• यदि आप नियमित रूप से निवेश करते हैं और लंबे समय तक निवेशित रहते हैं, तो कंपाउंडिंग आपके पैसे को तेजी से बढ़ा सकती है।

सीधा फॉर्मूला:

पैसा × (1 + रिटर्न दर)^समय = बड़ी संपत्ति

6. म्युचुअल फंड निवेश में सामान्य गलतियाँ

- बहुत सारे फंड में निवेश करना (Over Diversification)
- हर साल फंड बदलना (Churning)
- फंड का चयन केवल पिछले रिटर्न देखकर करना
- बिना जोखिम प्रोफ़ाइल देखे इक्विटी में भारी निवेश करना
- बाजार के डर से SIP रोक देना

अध्याय 7: म्युचुअल फंड में टैक्स प्लानिंग कैसे करें

प्रस्तावना:

अच्छा निवेश सिर्फ ज्यादा रिटर्न कमाने का नाम नहीं है, बल्कि स्मार्ट टैक्स प्लानिंग करना भी एक बड़ी कुशलता है।

अगर आप म्युचुअल फंड्स के टैक्स नियमों को सही तरीके से समझें और लागू करें, तो आप न केवल अपने रिटर्न को बढ़ा सकते हैं, बल्कि सालाना लाखों रुपए टैक्स में भी बचा सकते हैं।

इस अध्याय में हम सीखेंगे:

• म्युचुअल फंड्स में टैक्स कैसे लगता है,

• ELSS फंड्स से टैक्स कैसे बचाया जा सकता है,

• और कौन-सी रणनीतियाँ अपनाकर आप टैक्स को कम कर सकते हैं।

1. म्युचुअल फंड में टैक्स कैसे लगता है?

म्युचुअल फंड से दो प्रकार की आय होती है:

प्रकार	क्या है	टैक्स कैसे लगता है
कैपिटल गेन (Capital Gain)	निवेश बेचने पर होने वाला मुनाफा	तय नियमों के अनुसार
डिविडेंड (Dividend)	फंड द्वारा वितरित आय	आपकी आय में जोड़कर टैक्स

2. कैपिटल गेन टैक्स कैसे लगता है?

कैपिटल गेन टैक्स फंड के प्रकार और होल्डिंग पीरियड (कितने समय तक फंड होल्ड किया गया) पर निर्भर करता है।

(A) इक्विटी फंड (Equity Fund)

अवधि	टैक्स दर

12 महीने तक (Short Term)	15% (STCG - Short Term Capital Gain)
12 महीने से अधिक (Long Term)	10% (LTCG - Long Term Capital Gain) (₹1 लाख से अधिक लाभ पर)

नोट:

- यदि लॉन्ग टर्म लाभ ₹1 लाख से कम है, तो कोई टैक्स नहीं।
- ₹1 लाख से अधिक वाले हिस्से पर 10% टैक्स लगेगा।

(B) डेब्ट फंड (Debt Fund)

(नए नियमों के अनुसार अप्रैल 2023 से)

अवधि	टैक्स दर
कोई भी अवधि	आपके स्लैब के अनुसार (Marginal Tax Rate)

नोट:

अब डेब्ट फंड्स में लॉन्ग टर्म कैपिटल गेन (20% with indexation) का लाभ नहीं है। इसे साधारण इनकम की तरह ट्रीट किया जाता है।

3. डिविडेंड इनकम पर टैक्स

- डिविडेंड अब आपके हाथ में कर योग्य है (Finance Act 2020 के बाद से)।
- डिविडेंड आपकी कुल आय में जुड़ता है और आपकी आयकर स्लैब के अनुसार टैक्स लगेगा।
- यदि डिविडेंड ₹5,000 से अधिक है, तो 10% TDS (Tax Deducted at Source) काटा जाएगा।

4. ELSS (Equity Linked Savings Scheme): टैक्स बचत का सबसे अच्छा विकल्प

फीचर	विवरण
निवेश सीमा	अधिकतम ₹1.5 लाख (80C के तहत)
लॉक-इन अवधि	3 साल

टैक्स लाभ	निवेश पर 80C के तहत टैक्स छूट
रिटर्न पर टैक्स	LTCG नियम लागू (₹1 लाख से अधिक लाभ पर 10%)

ELSS क्यों चुनें?

• सबसे छोटी लॉक-इन अवधि (सिर्फ 3 साल)।

• इक्विटी का लाभ (संबंधित उच्च रिटर्न की संभावना)।

• टैक्स बचत + संपत्ति निर्माण का बढ़िया संयोजन।

5. टैक्स प्लानिंग के लिए रणनीतियाँ

(A) ELSS में SIP करें

• हर महीने थोड़ा-थोड़ा निवेश करें ताकि टैक्स बचत आसान हो जाए।

• मार्च में जल्दबाज़ी करने की ज़रूरत नहीं रहेगी।

(B) लॉन्ग टर्म होल्डिंग अपनाएँ

• इक्विटी फंड्स को 1 साल से अधिक रखें ताकि 10% LTCG टैक्स का फायदा उठा सकें।

(C) पोर्टफोलियो रिव्यू करें

• पुराने निवेशों को रिव्यू करें – अगर कहीं लॉन्ग टर्म गेन ₹1 लाख के आसपास हो रहा हो, तो आंशिक निकासी से टैक्स बचा सकते हैं।

(D) डिविडेंड रीइन्वेस्टमेंट पर ध्यान दें

• डिविडेंड इनकम को सही तरीके से प्लान करें ताकि टैक्स स्लैब का प्रभाव कम हो।

6. एक उदाहरण से समझें:

स्थिति:

• आपने ₹2 लाख में म्युचुअल फंड खरीदा था।

• 2 साल बाद इसकी वैल्यू ₹3 लाख हो गई।

गणना:

* लाभ = ₹1 लाख

* अगर यह इक्विटी फंड है और 1 लाख तक का लाभ है → कोई टैक्स नहीं।

* ₹1 लाख से ऊपर के लाभ पर ही 10% टैक्स लगेगा।

7. टैक्स प्लानिंग में सामान्य गलतियाँ

* टैक्स बचत के लिए गलत फंड चुनना
* केवल टैक्स बचाने के चक्कर में खराब स्कीम में निवेश करना
* निवेश को लक्ष्य से अलग करना
* समय के पहले फंड बेच देना और ज्यादा टैक्स भरना

सही तरीका:

"हमेशा टैक्स लाभ के साथ फंड के गुणवत्ता और लक्ष्य को भी देखें।"

अध्याय 8: म्युचुअल फंड्स में निवेश करते समय कौन-कौन सी गलतियों से बचना चाहिए?

प्रस्तावना:

म्युचुअल फंड्स एक बेहतरीन निवेश साधन हैं, लेकिन गलत कदम उठाने से अच्छा निवेश भी बर्बाद हो सकता है। गलतियों से सीखना और उन्हें टालना, एक समझदार निवेशक बनने का सबसे महत्वपूर्ण गुण है। इस अध्याय में हम चर्चा करेंगे उन आम गलतियों की, जो अक्सर निवेशक करते हैं, और जिन्हें टालने से निवेश का सफर अधिक सफल और सुखद बन सकता है।

1. जल्दबाज़ी में फंड चुनना

गलती:

• केवल किसी दोस्त, यूट्यूब चैनल, या पिछले साल के टॉप रिटर्न देखकर फंड में निवेश कर देना।

सही तरीका:

• हमेशा अपनी जोखिम क्षमता, लक्ष्य, और समयावधि के अनुसार रिसर्च कर के फंड चुनें।

2. सिर्फ पिछले रिटर्न के आधार पर निवेश करना

गलती:

• केवल 1 साल या 3 साल के उच्च रिटर्न देखकर फंड लेना।

सही तरीका:

• फंड का दीर्घकालिक प्रदर्शन (5 साल+, 10 साल) देखें।
• साथ ही यह देखें कि फंड ने मंदी के समय कैसा प्रदर्शन किया था।

3. SIP के दौरान बाजार गिरने पर डरकर निवेश बंद करना

गलती:

• बाजार गिरा, NAV गिरी – SIP बंद कर दी।

सही तरीका:

• बाजार गिरने पर SIP जारी रखें।
• गिरते बाजार में ज़्यादा यूनिट्स मिलती हैं – जो बाद में संपत्ति निर्माण में मदद करेंगी।

याद रखें:
"Market crash is a sale for investors, not a danger!"

4. ओवर-डाइवर्सिफिकेशन (Over-Diversification)

गलती:

• बहुत सारे फंड खरीद लेना, बिना सोचे-समझे।

सही तरीका:

• 4 से 6 अच्छे फंड काफी होते हैं।
• सही कैटेगरी में संतुलित निवेश करें (Large Cap, Mid Cap, Debt, Hybrid)।

5. बहुत जल्दी रिटर्न की अपेक्षा करना

गलती:

• 1-2 साल में 15-20% रिटर्न की उम्मीद करना।

सही तरीका:

- इक्विटी फंड्स में कम से कम 5-7 साल का नजरिया रखें।
- कंपाउंडिंग का जादू तभी दिखता है जब आप समय को मौका देते हैं।

6. टैक्स बचत के चक्कर में गलत फंड लेना
गलती:
- केवल टैक्स बचाने के लिए ELSS फंड चुनना, भले ही वह खराब प्रदर्शन कर रहा हो।

सही तरीका:
- ELSS फंड का भी प्रदर्शन, फंड मैनेजर का अनुभव और पोर्टफोलियो क्वालिटी देखकर ही निवेश करें।

7. नियमित समीक्षा (Review) न करना
गलती:
- निवेश के बाद फंड को पूरी तरह भूल जाना या हर हफ्ते जांचना।

सही तरीका:
- हर 6 या 12 महीने में पोर्टफोलियो की समीक्षा करें।
- आवश्यकता हो तभी बदलाव करें – हर छोटी गिरावट पर फंड बदलना नुकसानदायक हो सकता है।

8. दूसरों के निवेश की नकल करना
गलती:
- दोस्तों, रिश्तेदारों, यूट्यूबर्स के पोर्टफोलियो को कॉपी करना।

सही तरीका:
- हर व्यक्ति की जोखिम प्रोफ़ाइल, लक्ष्य और निवेश अवधि अलग होती है।
- हमेशा अपने व्यक्तिगत वित्तीय लक्ष्य के अनुसार योजना बनाएं।

9. सारे पैसे एक ही एसेट क्लास में लगाना

गलती:

• सिर्फ इक्विटी या सिर्फ डेब्ट फंड में सारा पैसा डाल देना।

सही तरीका:

• Asset Allocation का पालन करें – Equity + Debt + Gold का संतुलित मिश्रण बनाएं।

10. भावनाओं के आधार पर निर्णय लेना

गलती:

• डर, घबराहट या लालच में आकर निवेश करना या निकालना।

सही तरीका:

• निवेश को तर्क, योजना और धैर्य से चलाएँ, न कि भावनाओं से।

अध्याय 9: अपने वित्तीय लक्ष्यों को म्युचुअल फंड्स से कैसे पूरा करें?

प्रस्तावना:

हर निवेशक का कोई न कोई सपना या लक्ष्य होता है:

• बच्चे की शिक्षा,

• रिटायरमेंट,

• घर खरीदना,

• विदेश यात्रा,

• आर्थिक स्वतंत्रता (Financial Freedom)।

सिर्फ पैसे बचाना काफी नहीं है – सही योजना और सही निवेश साधन से ही सपने पूरे हो सकते हैं। म्युचुअल फंड्स उन सबसे प्रभावी माध्यमों में से एक हैं जो आपको व्यवस्थित ढंग से अपने लक्ष्यों तक पहुँचने में मदद करते हैं। इस अध्याय में हम जानेंगे कि कैसे म्युचुअल फंड्स के ज़रिए अपने वित्तीय लक्ष्य पूरे किए जा सकते हैं।

1. लक्ष्य आधारित निवेश का महत्व (Goal Based Investing)

• बिना लक्ष्य के निवेश ऐसा है जैसे बिना नक्शे के यात्रा करना।

• जब आप निवेश को किसी स्पष्ट लक्ष्य से जोड़ते हैं, तो:

  • आप अधिक अनुशासित रहते हैं,

  • सही एसेट क्लास चुनते हैं,

  • और बाजार के उतार-चढ़ाव में घबराते नहीं हैं।

याद रखें:

"Goal Based Investing = Purposeful Investing"

2. अपने वित्तीय लक्ष्यों की पहचान करें

प्रकार	उदाहरण

अल्पकालिक लक्ष्य (1-3 वर्ष)	आपातकालीन फंड, छोटी यात्रा, गाड़ी खरीदना
मध्यमकालिक लक्ष्य (3-7 वर्ष)	बच्चों की शिक्षा, घर की डाउन पेमेंट
दीर्घकालिक लक्ष्य (7+ वर्ष)	रिटायरमेंट, बच्चों की शादी, आर्थिक स्वतंत्रता

3. लक्ष्य निर्धारित करने के बाद क्या करें?

(A) लक्ष्य राशि तय करें

• अनुमान लगाएँ कि लक्ष्य पूरा करने के लिए आज के मूल्य पर कितनी राशि चाहिए।

(B) समयसीमा तय करें

• कितने वर्षों में लक्ष्य हासिल करना है।

(C) महंगाई को ध्यान में रखें

• भविष्य में राशि बढ़ सकती है। (उदाहरण: 6%-7% महंगाई दर से)

(D) आवश्यक निवेश राशि की गणना करें

• SIP Calculator या XIRR Calculator का उपयोग करके पता करें कि हर महीने कितनी राशि निवेश करनी होगी।

4. विभिन्न लक्ष्यों के लिए म्युचुअल फंड का चुनाव

लक्ष्य	अवधि	अनुशंसित फंड प्रकार
1-3 साल	अल्पकालिक	डेब्ट फंड्स, लिक्विड फंड्स
3-7 साल	मध्यम अवधि	बैलेंस्ड एडवांटेज फंड, हाइब्रिड फंड्स

7+ साल	दीर्घकालिक	इक्विटी फंड्स, इंडेक्स फंड्स, मल्टी कैप फंड्स

5. म्युचुअल फंड्स के माध्यम से लक्ष्य प्राप्ति के तरीके

(A) SIP के माध्यम से निवेश करें

- प्रत्येक लक्ष्य के लिए अलग SIP चलाएँ।
- छोटे निवेश से बड़े लक्ष्य पूरे किए जा सकते हैं।

(B) लक्ष्य अनुसार पोर्टफोलियो तैयार करें

- रिटायरमेंट के लिए ज्यादा इक्विटी अलोकेशन।
- 3 साल के लक्ष्य के लिए सुरक्षित डेब्ट फंड्स।

(C) समय के साथ निवेश बढ़ाते रहें (Step-Up SIP)

- हर साल अपनी SIP राशि 5-10% बढ़ाएं।

(D) लक्ष्य के पास आते ही रिस्क कम करें

- जैसे-जैसे लक्ष्य पूरा होने का समय नजदीक आए,
   o इक्विटी से डेब्ट फंड में आंशिक ट्रांसफर करें।
   o ताकि अचानक बाजार गिरावट से लक्ष्य प्रभावित न हो।

6. एक उदाहरण से समझें:

राहुल का सपना:

- 10 साल में ₹50 लाख जमा करना (बच्चों की उच्च शिक्षा के लिए)।
- अनुमानित रिटर्न: 12% प्रति वर्ष।

SIP Calculation के अनुसार:

राहुल को हर महीने लगभग ₹21,000 का निवेश करना होगा।

अगर वह 2-3 साल देर कर देता, तो मासिक निवेश बहुत अधिक बढ़ जाता।

सबक:

"जल्दी शुरुआत करने से राशि कम लगती है और लक्ष्य आसानी से पूरे होते हैं।"

7. वित्तीय योजना बनाने की चेकलिस्ट

• सभी लक्ष्य लिखित रूप में तय करें।

• लक्ष्य के अनुसार अवधि और राशि का आकलन करें।

• लक्ष्य अनुसार सही म्युचुअल फंड चुनें।

• समय-समय पर प्रगति की समीक्षा करें।

• लक्ष्य के निकट आते ही पोर्टफोलियो को अधिक सुरक्षित बनाएं।

अध्याय 10: सही म्युचुअल फंड प्लेटफॉर्म कैसे चुनें और निवेश कैसे शुरू करें?

प्रस्तावना:

सही म्युचुअल फंड स्कीम का चुनाव जितना जरूरी है, उतना ही जरूरी है एक भरोसेमंद और सुविधाजनक प्लेटफॉर्म का चुनाव करना भी। गलत प्लेटफॉर्म न केवल निवेश अनुभव को खराब कर सकता है, बल्कि आपके रिटर्न पर भी असर डाल सकता है।

इस अध्याय में हम जानेंगे:

• किस तरह का प्लेटफॉर्म चुनना चाहिए,

• डायरेक्ट और रेगुलर फंड्स में अंतर,

• और निवेश शुरू करने की पूरी प्रक्रिया।

1. म्युचुअल फंड निवेश के तरीके

आज म्युचुअल फंड्स में निवेश करने के कई विकल्प मौजूद हैं:

माध्यम	उदाहरण
म्युचुअल फंड हाउस (AMC) की वेबसाइट	HDFC Mutual Fund, SBI Mutual Fund
ऑनलाइन एग्रीगेटर प्लेटफॉर्म	Groww, Zerodha Coin, Paytm Money, Kuvera
बैंक पोर्टल्स	ICICI Direct, HDFC Securities
फिनटेक ऐप्स	ET Money, INDmoney
वितरक (Distributors)	एजेंट्स के माध्यम से

2. डायरेक्ट फंड और रेगुलर फंड में अंतर

पहलू	डायरेक्ट फंड	रेगुलर फंड

कमीशन/ब्रोकर चार्ज	नहीं लगता	लगता है (1%-1.5%)
NAV	ऊँची (कम लागत)	कम (ब्रोकर का कमीशन जुड़ा होता है)
गाइडेंस	खुद रिसर्च करनी होती है	एजेंट गाइड करता है
रिटर्न	थोड़ा अधिक	थोड़ा कम
किसके लिए उपयुक्त	जानकार निवेशक	नए निवेशक जिन्हें गाइडेंस चाहिए

सलाह:

अगर आप खुद निर्णय ले सकते हैं तो डायरेक्ट फंड से निवेश करें – इसमें लागत कम होती है और रिटर्न अधिक।

3. सही म्युचुअल फंड प्लेटफॉर्म कैसे चुनें?

(A) विश्वसनीयता और सुरक्षा

- प्लेटफॉर्म SEBI, AMFI रजिस्टर्ड हो।
- मजबूत साइबर सुरक्षा हो।

(B) डायरेक्ट प्लान की सुविधा हो

- लागत बचत के लिए डायरेक्ट फंड्स ऑफर करने वाला प्लेटफॉर्म चुनें।

(C) उपयोग में आसान (User Friendly)

- ऐप या वेबसाइट का इंटरफ़ेस सरल और सहज हो।
- SIP सेटअप, रिडेम्प्शन, स्टेटमेंट जनरेट करना आसान हो।

(D) शुल्क और चार्जेस स्पष्ट हों

- कोई छिपे हुए चार्ज न हों।
- नॉमिनेशन, KYC, पोर्टफोलियो ट्रैकिंग जैसी सुविधाएँ निःशुल्क मिलें।

(E) निवेश ट्रैकिंग और रिपोर्टिंग

• पोर्टफोलियो की नियमित रिपोर्ट और प्रदर्शन ट्रैकिंग की सुविधा हो।

(F) ग्राहक सेवा (Customer Support)

• फोन, चैट, ईमेल सपोर्ट अच्छे स्तर पर हो।

4. भारत में लोकप्रिय म्युचुअल फंड प्लेटफॉर्म्स

प्लेटफॉर्म	विशेषता
Groww	सिंपल ऐप, डायरेक्ट फंड्स
Zerodha Coin	कम शुल्क, निवेशक-केंद्रित
Paytm Money	किफायती और बड़े फंड्स का एक्सेस
Kuvera	पूरी तरह मुफ्त डायरेक्ट फंड निवेश
AMC वेबसाइट्स	सीधे फंड हाउस से निवेश

5. निवेश शुरू करने के स्टेप बाय स्टेप तरीके

1. KYC पूरा करें

• PAN कार्ड, आधार कार्ड, बैंक डिटेल्स देकर KYC फॉर्म भरें।

• कुछ प्लेटफॉर्म पर Video KYC सुविधा भी उपलब्ध है।

2. प्लेटफॉर्म पर अकाउंट बनाएं

• ईमेल और मोबाइल नंबर से रजिस्ट्रेशन करें।

• बैंक खाते को लिंक करें।

3. फंड का चयन करें

• अपनी जरूरत के अनुसार स्कीम चुनें (लक्ष्य, अवधि, जोखिम के आधार पर)।

• फंड का पिछले प्रदर्शन, एक्सपेंस रेशियो, फंड मैनेजर का अनुभव जरूर देखें।

4. निवेश तरीका चुनें

• SIP या लंपसम निवेश का विकल्प चुनें।

5. ऑटो-डेबिट सेट करें

• SIP के लिए ECS (Electronic Clearing Service) सेटअप करें ताकि हर महीने ऑटोमेटिक निवेश हो सके।

6. निवेश की निगरानी करें

• हर 6-12 महीने में पोर्टफोलियो रिव्यू करें।
• फंड प्रदर्शन के अनुसार आवश्यक परिवर्तन करें।

6. एक छोटी कहानी: "रीमा का निवेश सफर"

रीमा ने 25 साल की उम्र में Groww ऐप से KYC पूरा किया, डायरेक्ट फंड चुना, और ₹2000 की SIP चालू की। 20 वर्षों तक अनुशासन से निवेश करते हुए उसने ₹1 करोड़ से अधिक का फंड तैयार कर लिया – बिना किसी एजेंट या भारी शुल्क चुकाए।

सबक:

"सरलता + अनुशासन + सही प्लेटफॉर्म = निवेश में सफलता।"

निष्कर्ष: भविष्य निर्माण की ओर एक यात्रा

एक छोटी शुरुआत, एक बड़ा परिवर्तन

जब आपने इस किताब के पहले अध्याय में कदम रखा था, तब शायद आपके मन में म्युचुअल फंड्स को लेकर कई सवाल थे –

* निवेश कैसे करें?

* जोखिम कैसे समझें?

* लक्ष्य कैसे तय करें?

* सही फंड कैसे चुनें?

लेकिन आज, जब आप यहाँ तक पहुँचे हैं, आप न केवल म्युचुअल फंड्स की बुनियादी जानकारी जानते हैं, बल्कि आप एक सक्षम निवेशक बनने के लिए तैयार हैं।

निवेश का असली अर्थ

"निवेश केवल पैसे कमाना नहीं है, निवेश एक सोच है।"

यह एक दृष्टिकोण है –

* अपने वर्तमान के सीमित संसाधनों को

* भविष्य के असीमित अवसरों में बदलने का दृष्टिकोण।

निवेश धैर्य, अनुशासन, और दृढ़ विश्वास की मांग करता है।

आपने क्या सीखा इस यात्रा में?

* निवेश की मूल बातें – बचत से आगे बढ़कर निवेश करना।

* म्युचुअल फंड क्या है, कैसे काम करता है, और इसके प्रकार।

* सही फंड कैसे चुनना चाहिए – अपने लक्ष्य और जोखिम प्रोफ़ाइल के अनुसार।

* SIP का महत्व और कंपाउंडिंग का जादू।

* जोखिम को कैसे समझें और नियंत्रित करें।

* टैक्स प्लानिंग को कैसे स्मार्ट तरीके से करें।

- निवेश में आम गलतियाँ क्या हैं और उनसे कैसे बचा जाए।
- कैसे अपने सपनों को लक्ष्य में बदलकर म्युचुअल फंड के माध्यम से उन्हें साकार करें।
- सही प्लेटफॉर्म चुनकर निवेश यात्रा कैसे शुरू करें।

सबसे महत्वपूर्ण सबक

• समय आपका सबसे बड़ा साथी है।

• नियमितता आपका सबसे बड़ा हथियार है।

• धैर्य आपकी सबसे बड़ी पूंजी है।

यदि आप निवेश को एक लंबी दूरी की यात्रा समझें, और लगातार चलते रहें –

तो लक्ष्य अपने आप आपके पास आएंगे।

एक अंतिम प्रेरणादायक संदेश

"शुरुआत छोटी हो सकती है, लेकिन सपना बड़ा होना चाहिए। और उस सपने को पूरा करने के लिए सबसे महत्वपूर्ण कदम है –

आज शुरुआत करना।"

आज आप जो छोटा सा बीज बोएंगे, वही कल एक विशाल वृक्ष बनेगा जो आपके सपनों को छाया देगा।

इसीलिए –

• सोचिए,

• सीखिए,

• समझदारी से चुनिए,

• और साहस के साथ अपनी निवेश यात्रा शुरू कीजिए।

विशेष धन्यवाद

• अपने भविष्य के लिए समय निकालने के लिए।

• अपनी वित्तीय स्वतंत्रता के रास्ते पर चलने के लिए।

• इस किताब को पढ़ने और समझने के लिए।

आपका सफर यहाँ खत्म नहीं होता – यह तो बस एक शानदार शुरुआत
है।
आगे आपके हाथों में है –
अपना सबसे अच्छा भविष्य गढ़ने की शक्ति!

अंतिम पंक्तियाँ
"धन संग्रह एक विज्ञान है;
धन प्रबंधन एक कला है;
और धन निर्माण एक जीवन दर्शन है।"
इस दर्शन को अपनाइए,
और अपनी सफलता की कहानी खुद लिखिए।

धन्यवाद

"नए निवेशकों के लिए म्युचुअल फंड गाइड" को आकार देने की यात्रा में अनेक प्रेरणाओं, मार्गदर्शकों और पाठकों की भूमिका रही है। इस पुस्तक को लिखते समय, मेरा उद्देश्य हमेशा यही रहा कि निवेश की दुनिया को सरल, सहज और सुलभ भाषा में हर नए निवेशक तक पहुँचाया जाए।

मैं तहे दिल से आभार प्रकट करता हूँ:
• उन सभी पाठकों का, जिन्होंने इस विषय में रुचि दिखाई और वित्तीय ज्ञान प्राप्त करने का प्रयास किया।
• मेरे परिवार का, जिनके सहयोग और धैर्य ने मुझे इस काम में पूरा समर्पण देने का अवसर दिया।
• वित्तीय शिक्षकों, मार्गदर्शकों और प्रेरणास्रोतों का, जिनकी सीख ने इस पुस्तक को सही दिशा दी।
• प्रेरणा देने वाले सभी निवेशकों का, जो अपने अनुभवों से नए निवेशकों को सीखने का रास्ता दिखाते हैं।

यह पुस्तक एक छोटे प्रयास के रूप में शुरू हुई थी, लेकिन आप सभी के समर्थन से यह एक मजबूत संदेश बनकर उभरी है –कि **"वित्तीय स्वतंत्रता हर व्यक्ति का अधिकार है, बस सही जानकारी और सही दिशा की आवश्यकता है।"**

मैं आशा करता हूँ कि यह किताब आपके वित्तीय जीवन में एक सकारात्मक परिवर्तन लाएगी, और आपको अपने लक्ष्यों की ओर मजबूती से बढ़ने की प्रेरणा देगी। अगर इस प्रयास से आपके निवेश सफर में कुछ भी सकारात्मक जुड़ता है, तो मेरा यह प्रयास सफल माना जाएगा।

प्राण नाथ